QUELQUES MOTS

SUR

LA SITUATION

PAR

Mr R. de G^t...

PARIS

IMPRIMERIE RENOU ET MAULDE

RUE DE RIVOLI, 144.

1860

10 Septembre 1860.

I

Une question qui intéresse également la religion et la politique se débat en ce moment devant l'Europe. Elle touche aux plus hautes régions de la pensée, comme aux plus profonds sentiments du cœur.

Notre époque est destinée à assister à la résurrection d'un grand peuple ou à voir l'Italie, réveillée un instant de ses servitudes, y retomber plus douloureusement, après avoir passé par tous les désordres de l'anarchie.

Chaque incident nouveau qui se produit dans cette grave question devient un prétexte d'inquiétudes et de méfiances, que les passions des partis cherchent à exploiter en France contre le gouvernement de l'Empereur.

Que les Druses massacrent les Maronites; qu'une sourde agitation règne en Hongrie; qu'un chef de bande parcoure le royaume de Naples et accomplisse sans résistance une œuvre dont le succès égale l'audace; ces faits ne fourniront à quelques-uns qu'un texte de récriminations aussi injustes qu'elles sont vaines et puériles.

Est-ce donc la première fois que la France est obligée de s'occuper de l'Italie? Est-ce d'hier seulement qu'ont commencé, dans la Péninsule, les luttes de l'influence française et autrichienne?

Mais, depuis saint Louis jusqu'à François Ier et Louis XIV, l'Italie n'a-t-elle pas été presque toujours le champ de bataille de l'Europe et la cause de ses dissensions?

Pourquoi donc nous étonner aujourd'hui de voir revivre des questions qui sont pour la France le legs de l'histoire, la tradition du passé, l'héritage de gloire de nos pères, que nous n'avons pas le droit de répudier.

Le sang français n'appartient qu'à la France, ose-t-on dire quelquefois. Qu'on regarde dans l'histoire, on y verra que le génie de la France a toujours été dans son cosmopolitisme, le dévouement lui ayant été imposé comme un élément de sa puissance et comme une condition de sa vie.

La chute de la dynastie d'Orléans a montré, du reste, à quels résultats aboutissent ces abdications d'influence d'un grand pays, cet abandon honteux des traditions françaises qui pendant dix-huit ans nous a été imposé comme le plus sûr moyen de garantir la fortune publique des catastrophes imprévues.

La Restauration a cherché, avec timidité peut-être, mais avec persévérance, à se soustraire à la terrible responsabilité des traités de 1815. Les hommes d'État les plus hardis de cette époque lui conseillaient d'arracher par les armes ce que ne pouvait obtenir sa diplomatie, et M. de Châteaubriand, dans ses écrits, revendique, comme un honneur pour lui, sa part dans ces conseils énergiques contre l'oppression de l'Europe. Malgré ces efforts, la fierté nationale fut si peu satisfaite qu'elle brisa ce pouvoir en trois jours.

Après la révolution de Juillet, on crut que le gouvernement nouveau, délivré des entraves imposées à la Restauration, allait faire reprendre à la France le rang qui lui appartient. Nous n'avons pas besoin de dire combien fut trompé l'espoir du pays.

Le gouvernement de 1830 osa à peine se justifier devant les cabinets de l'Europe de s'être laissé couronner; sa politique se ressentit constamment de cette première démarche. Alors vinrent ces traités que nous avions l'humiliation de souscrire sans qu'il nous fût permis de les discuter; alors vint l'indemnité Pritchard, qui mit le comble à notre faiblesse et à notre honte aux yeux de l'Europe; alors aussi éclatèrent ces émeutes formidables qui sapaient le trône de Juillet et prenaient leur mot d'ordre à tous les mouvements des nationalités opprimées.

Cet état de choses dura jusqu'à ce que ce gouvernement disparût dans une tempête.

Lorsque, après trois années passées dans des incertitudes, des périls de toutes sortes, la volonté du peuple confia ses destinées aux mains d'un Napoléon, la politique des défaillances et de la paix à tout prix était jugée depuis longtemps déjà comme indigne de la France, de cette France qui a un héritage de huit siècles de gloire et de prépondérance à maintenir.

L'Empereur trouvait devant lui une grande tâche qui, au premier abord, semblait contradictoire : il avait la paix à maintenir, des désastres militaires et des fautes à réparer, des partis à concilier, le principe monarchique à relever et la révolution à consolider.

Et d'abord, pour raffermir l'état de la France au dedans, il fallait relever sa condition au dehors. Pour atteindre ce but, deux voies étaient ouvertes à sa politique.

Fallait-il, comme le conseillait M. Thiers, en 1840, au roi Louis-Philippe, prendre en main l'épée et le drapeau de la révolution, appeler à notre aide les opprimés de tous les pays, et recommencer, avec une témérité réfléchie, l'héroïque et douloureuse épopée de la France contre l'Europe coalisée?

Cette voie-là pouvait séduire certains esprits, mais elle risquait de compromettre nos destinées. Une autre voie, digne de la France, lui restait ouverte : c'était de nous faire partout, avec fermeté et modération, les protecteurs du droit et de la justice; c'était de ne provoquer aucun conflit, mais de ne pas permettre que l'équilibre de l'Europe fût troublé à notre détriment; de prendre enfin l'attitude que nous commandaient nos intérêts et nos principes, et de veiller à ce que nos forces fussent au niveau de notre mission; nous devions nous tenir, en un mot, aussi loin de l'agression qui provoque que de la faiblesse qui fait fuir le péril. C'est là le sentiment qui a inspiré l'expédition de Crimée et la paix de Sébastopol, la campagne d'Italie et la paix de Villafranca.

Ces quelques lignes résument la politique de l'Empereur.

L'empire turc protégé en Orient et la nationalité italienne affranchie du joug de l'Autriche, Napoléon III a su joindre à chacune de ces preuves de sa force un gage de sa modération. La France a été récompensée d'une politique généreuse en reprenant en Europe, par son ascendant moral, le rang légitime qui lui appartient. Calme, riche, fière au dedans, généreuse, honorée, glorieuse et puissante au dehors, telle est la France de 1860!

Puissions-nous la trouver toujours aussi prospère et aussi grande, et sa politique conduite, dans des circonstances difficiles, avec autant de décision, de prudence et de succès!

II

La question italienne inquiétait l'Europe depuis dix ans. Un jour ou l'autre, elle devait éclater. L'Autriche, en voulant l'étouffer à jamais, l'a fait résoudre à son détriment.

Maintenant, il est vrai, se développent les conséquences prévues de la guerre d'Italie. On montre déjà avec une joie perfide ou une inquiétude justifiée l'anarchie régnant en Sicile, la révolution siégeant à Naples, Rome indécise et consternée, et Turin entraîné par le mouvement. Au milieu de l'agitation des partis, qui semblent avoir choisi de nouveau la Péninsule pour leur champ de bataille, il faut, en abordant cette question, se défendre des émotions les plus légitimes, et ne rien méconnaître des droits du présent comme des traditions du passé.

III

Au moment où l'Empereur, par une généreuse initiative, se rapprochait de François-Joseph à Villafranca, le roi de Piémont avait loyalement adhéré aux propositions de l'Empereur. Son rôle était difficile vis-à-vis de l'Italie, mais glorieux devant l'Europe ; il avait accepté, sans arrière-pensée, l'exécution fidèle du traité de Villafranca. La retraite de M. de Cavour en fut, pour les cabinets européens, le gage en même temps qu'elle en était le signe manifeste, et le gouvernement français put s'attacher à convertir en paix définitive, à Zurich, les conventions faites à la hâte sur les bords du Mincio.

L'Empereur Napoléon écrivit lui-même au Pape, le 14 juillet 1859, pour tâcher d'obtenir de lui quelques réformes et une administration séparée pour les Légations.

« Je supplie Votre Sainteté, disait-il, d'écouter la « voix d'un fils dévoué de l'Église, mais qui com- « prend les nécessités de son époque, et qui sait que « la force ne suffit pas pour résoudre les questions « et aplanir les difficultés. »

Décidé à n'user auprès des Italiens que de son influence morale, l'Empereur exprima le désir de voir le gouvernement piémontais retirer ses commissaires de l'Italie centrale; et il envoya, de son côté, MM. de Reiset et Poniatowski en Toscane et dans l'Émilie, pour plaider en faveur de la restauration des ducs. Malheureusement les embarras vinrent d'où on était en droit de les attendre le moins. Des résistances, que le respect dû au chef de la religion défendait de briser et permettait à peine de combattre, rendirent vaines toutes les tentatives pour l'établissement d'une confédération italienne. La cour de Rome persista à méconnaître la légitimité et la force du sentiment national, et à confondre les justes aspirations de l'Italie avec les passions anarchiques.

Victor-Emmanuel put craindre alors d'être débordé par le mouvement national, qu'il ne savait comment contenir, après s'être engagé par le traité de Zurich à ne pas le satisfaire. Des votes populaires proclamaient l'annexion de la Toscane et des Romagnes au Piémont. Après l'encyclique, le Pape fut l'ennemi commun; les destinées de la Sardaigne et de la grande patrie italienne devinrent solidaires. Cet échec des projets modérés et nationaux devant la résistance de Rome était une nouvelle force pour le parti de l'action, qui ne tarda pas à remonter en scène avec M. de Cavour à sa tête.

Victor-Emmanuel ne pouvait rester plus longtemps spectateur impassible des grands changements qui s'opéraient dans la Péninsule; et, par une déplorable conséquence, il se trouvait forcé de suivre le mouvement qu'il ne pouvait plus contenir. Il chercha alors à ressaisir pour sa couronne l'influence qui devait appartenir à la royauté et non pas à un chef de partisans, si tant est que la royauté s'honore en servant de telles entreprises.

C'est ainsi que fut amenée la chute du royaume de Naples et préparée l'attaque des États pontificaux.

Les guerres d'indépendance, on ne saurait se le dissimuler, n'ont jamais été jugées selon les règles strictes du droit public; il y entre un élément de force et de justice qui déjoue les prévisions et les calculs : c'est à l'avenir à prononcer entre les Walker et les Washington. Mais il n'y a pas pour les peuples d'exemple plus déplorable que celui de la faiblesse et de la lâcheté des pouvoirs; il n'y a pas de plus affligeant contraste que celui de la ténacité des prétentions et de la facilité des abdications. Rien enfin ne porte au sentiment du droit une plus profonde atteinte, que cet abandon de tous les devoirs qu'impose une couronne, qu'on revendique tout en la trahissant. Ainsi a fait le roi de Naples par sa fuite pusillanime hors de sa capitale encore fidèle.

IV

Trois grands intérêts sont maintenant en présence en Italie : l'intérêt monarchique, l'intérêt national et l'intérêt catholique.

Aucun d'eux ne saurait périr sans être pour l'Europe une cause de trouble, pour l'Italie une cause de ruine peut être.

Le Pape, par la grandeur et la fixité du principe qu'il représente, occupe le premier rang dans les préoccupations de l'Europe.

Souverain temporel, son pouvoir est un des plus anciens et des plus légitimes du monde ; chef visible de l'Église, son autorité, reconnue par 200 millions de catholiques, a pour gage la parole de Dieu même. Malheureusement, il faut le dire, au point de vue des institutions, du système gouvernemental et de la sympathie pour la nationalité italienne, la cour de Rome se trouve dans des conditions à peu près identiques à celles où se trouvait placé François II au moment du débarquement de Garibaldi en Sicile. Si le gouvernement du Souverain Pontife était livré à ses propres forces, les mêmes causes amèneraient le même dénoûment ; mais à la tristesse naturelle qu'inspirent de semblables catastrophes se joindrait une douleur profonde pour tous les cœurs catholiques.

Si la cour de Rome avait conservé un peu du génie qui faisait autrefois des papes les arbitres de l'Occident, bien des périls qui l'entourent et qui l'affligent n'existeraient pas. Pie IX, fidèle aux principes que lui-même avait réveillés à son avénement, aurait dû, dès le début de la guerre d'Italie, rester neutre vis-à-vis de l'Autriche, et, le lendemain de nos victoires, après la satisfaction donnée au monde catholique autant qu'à l'Europe conservatrice par le traité de Villafranca, s'en remettre aux conseils et à la loyauté de l'Empereur Napoléon. Ces conseils pouvaient seuls réconcilier l'Église avec le libéralisme italien et lui servir d'égide invincible contre les envahissements du parti unitaire.

Nous reviendrons tout à l'heure à la protection que la France doit au chef de la religion ; nous prouverons que le gouvernement ne peut ni ne veut l'abandonner dans ces tristes circonstances. Avec ses traditions, ce n'est pas seulement le devoir de la France, c'est la conséquence de ses principes les plus anciens et les plus sacrés.

V

Nous voulons maintenant expliquer, sans chercher à les justifier, les motifs impérieux d'intérêt monarchique qui ont entraîné la cour de Turin à des entreprises qui nous paraissent engager gravement l'avenir du Piémont. Les troupes sardes entrent à la fois dans les États de l'Église et dans le royaume des Deux-Siciles. En ce qui touche ces derniers États, l'anarchie qui règne en Sicile et qui augmente de jour en jour, la faiblesse inouïe et la fuite du gouvernement napolitain ont dû hâter la décision du roi.

Quant aux États de l'Église, le roi, sollicité par des mouvements populaires, a voulu substituer une occupation régulière à l'attaque prochaine et prévue des bandes de Garibaldi.

En examinant avec sévérité l'état des partis et de l'opinion en Italie, il est évident pour tous que le roi Victor-Emmanuel a cédé à la pression du mouvement national.

Il était de l'intérêt de la dynastie piémontaise, de l'intérêt même de l'Italie, que le roi ne laissât pas compromettre la popularité qu'il a conquise sur les champs de bataille; il fallait enfin qu'un prince guidât l'Italie dans les voies nouvelles de l'indépendance; en un mot, il ne pouvait laisser son épée s'échapper de ses mains pour devenir un poignard dans celles de Mazzini. Il devait donc rester, il pouvait le croire du moins, le premier soldat de l'indépendance italienne, s'il ne voulait en être la première victime.

VI

En s'engageant dans cette voie où il ne pouvait plus compter sur le concours et les sympathies de la France, le Piémont a cru qu'il serait soutenu par l'opinion publique et le gouvernement anglais. En ce qui touche Rome et la Papauté, les excitations de l'Angleterre doivent cependant paraître suspectes ; et, nous n'hésitons pas à le dire, le Piémont se trompe s'il pense que l'Angleterre compromettra jamais une de ses alliances pour la cause de l'indépendance italienne ; elle ne lui donnera, ouvertement du moins, ni un schelling ni un soldat Le gouvernement anglais a pu avoir des intérêts à servir ou des rancunes à satisfaire à Naples ; mais, dans l'expression de ses sympathies, il n'a obéi à aucun mobile généreux. Que le Piémont se souvienne des débats du Parlement anglais en 1859, à cette époque où l'existence même de l'Italie allait être débattue dans un duel formidable, de quel côté se trouvaient les sympathies officielles de l'Angleterre ? Du côté de l'oppression, du côté de l'Autriche !

Il a fallu nos victoires et notre sang pour rallier le Parlement à la cause de l'Italie.

Mais que le Piémont y réfléchisse, une défaite peut éloigner ceux que le triomphe seul a rapprochés.

Quant aux autres puissances de l'Europe, le roi Victor-Emmanuel ne peut pas douter dans quels sentiments seront accueillies ses nouvelles entreprises; il faut tous les embarras financiers et politiques de l'Autriche pour qu'elle ne cède pas au désir de venger ses défaites et de reprendre son influence dans la Péninsule. L'alliance difficile qu'elle cherche à renouer à Varsovie avec le czar et le prince de Prusse est une preuve de la contrainte qu'elle s'impose, mais dont elle cherche les moyens de sortir.

L'allié naturel du Piémont est donc l'Empereur Napoléon : agir sans son concours est un danger; sans son aveu, c'est une faute. Il a donné à l'Italie et à l'Europe des marques assez certaines de sa sagesse pour que le Piémont se fît un devoir de suivre ses conseils, qui étaient les plus pratiques et les plus nationaux.

VII

Ceux-là se trompent étrangement ou ne sont pas de bonne foi qui attribuent la politique envahissante du Piémont à une tolérance occulte du gouvernement français. Une telle accusation est indigne de la franchise et de la générosité qu'il a toujours montrées.

Dieu a donné au Pape l'empire du monde catholique. L'Empereur a bien prouvé, par sa sollicitude pour le Saint-Père, que, dans sa pensée, la stabilité du chef de l'Église importe à la défense du principe d'autorité. — Depuis onze ans la France n'a cessé de protéger de ses armes le trône relevé de Pie IX, avec un dévouement dont la fidélité ne s'est pas démentie; elle ne permettra pas qu'une agression téméraire mette aujourd'hui en péril ce patrimoine de la société chrétienne ; elle trouvera toujours dans sa foi le zèle de le défendre ou la force de le venger.

On l'a vu dans ces dernières épreuves : pendant qu'une poignée de braves tombait à Castelfidardo pour la défense de l'Église, pendant que le Pape s'adressait en vain à toute l'Europe, la France, loin de déserter sa tâche, a voulu rendre plus évidente la protection dont elle couvre le Souverain Pontife. De nouveaux régiments ont été dirigés sur Rome ; ils sont comme le témoignage du dévouement et de la foi de la France.

La différence de situation dans laquelle se trouvent la province de Rome et les autres parties des États de l'Église doit suffire à dissiper les méfiances les plus systématiques à l'égard de la protection accordée au Pape. Quel est, en effet, le partisan de l'unité italienne assez insensé pour menacer jusque dans Rome le pouvoir temporel du chef de l'Église ? Il n'est pas un général qui osât porter un semblable défi aux armes françaises, ni un chef de parti qui voulût exposer sa cause à une aussi inévitable ruine.

Que les cœurs catholiques se rassurent donc : si, par son obstination à ne pas vouloir donner à ses peuples les réformes auxquelles ils avaient droit et qu'il leur avait fait entrevoir à son avénement, Pie IX a compromis l'intégrité de ses États, la France, du moins, fera respecter à Rome la tiare du successeur de saint Pierre.

Nous avons partagé le sentiment d'amertume qui a saisi tous les cœurs catholiques à la lecture du mémorandum de M. de Cavour et au spectacle de l'envahissement des États de l'Église par une armée royale, se joignant presque sous les murs de Rome à l'armée de l'insurrection; mais si graves que soient ces actes du Piémont, ils ne compromettent pas autant qu'on semble le croire l'indépendance du Pontife et les droits essentiels de la catholicité.

Le pouvoir temporel diminué, l'autorité spirituelle persiste tout entière; et devant le droit public, devant la conscience des peuples, devant l'avenir, le malheur retombera sur ceux qui ont commis la faute.

Non, cette violation du droit n'amoindrit ni le prestige ni la grandeur de l'Église; elle n'est que le triomphe de la force, et constate seulement une faiblesse qui est depuis des siècles, aux yeux des catholiques, un titre de respect.

Les fatals conseils dont persiste à s'entourer Pie IX le poussent à quitter Rome : le départ du Pontife serait le deuil de l'Église et l'exil de la foi. Il ne tiendra pas à la piété filiale de l'Empereur que la France n'évite au monde catholique ce douloureux événement.

Nous désirons autant que personne la gloire et la grandeur de Rome, et nous sommes persuadés que le vœu de tous les chrétiens se réalisera le jour où le

Saint-Père éloignera de lui ces hommes qui, sous le prétexte de servir la foi, lui donnent des conseils qui semblent plutôt dictés par la haine de l'Église et de la France.

On trouve parmi eux ces politiques à convictions douteuses qui blâmaient comme une décevante surprise, au nom de la liberté et de la nationalité italienne, la paix si italienne pourtant de Villafranca. Ces hommes se trouvent partout où n'est pas la politique de la France, dans tous les rangs où n'est pas le drapeau de leur pays : fédéralistes ou unitaires, voltairiens ou papistes, au gré des passions qui flattent leurs calculs, ils n'hésitent pas à demander une arme perfide aux actes qu'ils ont le plus violemment dénoncés ; les manœuvres sans patriotisme auxquelles ils se livrent à Rome sont la dernière ressource de leurs rancunes trompées par nos victoires. Leur but enfin est moins de servir la Papauté que d'embarrasser la politique de la France.

La preuve évidente que les passions politiques ont pris le masque de la religion n'est pas seulement dans le nom des meneurs tant à l'étranger qu'en France ; elle est surtout dans le caractère de l'agitation prétendue religieuse. La foi éclairée du XIXe siècle n'aurait pas, comme aux plus tristes époques de nos guerres de religion, ces allures de colère, de violence et de haine : elle ne chercherait à vaincre que par la persuasion et la douceur. Les partis dénaturent cette grande cause des consciences en lui insinuant le venin de leurs passions.

VIII

En présence de cette situation pleine d'incertitudes, de difficultés et peut-être de menaces pour la paix de l'Europe, l'entrevue de Varsovie augmente l'inquiétude des esprits sans laisser l'espoir d'une solution.

Il ne saurait appartenir qu'aux cinq grandes puissances réunies en congrès de prononcer sur les questions posées par les événements d'Italie.

L'Autriche vaincue, la Russie et la Prusse simples spectatrices de la lutte, ne peuvent vouloir dénouer la situation en dehors de la France, victorieuse à Solferino, et de l'Angleterre, qui a pris aux événements une part diplomatique si active.

S'agirait-il donc d'une nouvelle Sainte-Alliance, comme on a semblé le craindre un instant ? Mais un simple examen de l'état de l'Europe suffirait pour montrer la fragilité des liens que l'on chercherait à former dans ce sens.

La question d'Orient, que l'on peut ajourner mais non pas éviter, est une de celles qui divisent le plus profondément les intérêts de la Russie et de l'Autriche; quant à la Prusse, elle ne se séparera pas sur ce terrain du cabinet anglais, et l'Angleterre ne saurait seconder la politique des successeurs de Catherine II.

Si notre gouvernement avait pu voir avec méfiance le rapprochement des deux cours du Nord, il aurait trouvé dans les douloureux événements de Syrie une cause de diversion qu'une habileté craintive se serait empressée d'exploiter.

Il ne l'a pas fait, et s'en est tenu à l'exécution loyale des traités. Nous devons croire qu'en échange de sa modération et de sa droiture, il a reçu l'assurance que la réunion de Varsovie n'aura rien d'hostile pour la France, et que les souverains se borneront à y convenir de leur rôle respectif dans le congrès général demandé par l'empereur Napoléon pour décider du sort futur de la Péninsule.

Paris, le 10 Septembre 1860.

IMPRIMERIE RENOU ET MAULDE, RUE DE RIVOLI, 144. 13729

www.ingramcontent.com/pod-product-compliance
Ingram Content Group UK Ltd.
Pitfield, Milton Keynes, MK11 3LW, UK
UKHW021048260726
13994UKWH00005B/2405